Tebedai

Hakerek-na'in: Mayra Walsh
Ilustrasaun husi Michael Magpantay

Library For All Ltd.

Library For All nu'udar organizasaun Australiana ne'ebé la buka lukru. Library For All ho nia misaun forma koñesimentu ne'ebé ema hotu bele asesu liuhosi biblioteka dijitál ne'ebé inovativu.
Vizita ami iha: libraryforall.org

Tebedai

Publikasaun dahuluk 2021

Publikadu husi Library For All Ltd
Email: info@libraryforall.org
Website: libraryforall.org

Livru ida-ne'e bele prodús tanba simu suporta laran-luak husi Education Cooperation Program.

Ilustrasaun husi Michael Magpantay

Tebedai
Walsh, Mayra
ISBN: 978-1-922621-45-0
SKU01922

Tebedai

Ha'u gosta dansa tebedai.

Ami kaer liman.

Ami hakat ba oin.

Ami hakat ba kotuk.

Ami kanta hamutuk.

Ami kanta ho lian boot.

Ami kontente.

Ó gosta dansa tebedai ka lae?

Ó bele uza pergunta hirak-ne'e hodi ko'alia kona-ba livru ne'e ho ó-nia família, belun sira no mestre sira.

Ó aprende saida husi livru ne'e?

Ho liafuan ida ka rua deskreve livru ne'e. Kómiku? Halo ta'uk? Halo kontente? Interesante?

Ó sente oinsá bainhira ó lee hotu tiha livru ne'e?

Parte ida ne'ebé mak ó gosta liuhosi livru ne'e?

Download ami-nia app ba lee-na'in sira iha
getlibraryforall.org

Kona-ba kontribuidór sira

Library For All servisu hamutuk ho hakerek-na'in no artista sira husi mundu tomak atu dezenvolve istória ne'ebé relevante, kualidade di'ak no kona-ba tópiku oioin. Ami halo istória hirak-ne'e ba lee-na'in labarik no joven sira.

Vizita website libraryforall.org atu hetan informasaun atuál kona-ba ami-nia workshop ba hakerek-na'in, informasaun kona-ba oinsá atu submete livru ba publikasaun, no oportunidade kriativu seluk.

Ó gosta livru ne'e?

Ami iha istória orijinál atus ba atus ne'ebé ita bele lee.

Ami servisu hamutuk ho hakerek-na'in lokál sira, edukadór sira, konsellu kultura nian, Governu no ONG sira atu lori ksolok lee ba labarik sira iha fatin ne'ebé de'it.

Ó hatene?

Ami kria impaktu globál iha área hirak-ne'e tanba ami servisu tuir Objetivu Dezenvolvimentu Sustentavel Nasoens Unidas nian.

www.ingramcontent.com/pod-product-compliance
Lightning Source LLC
Chambersburg PA
CBHW040320050426
42452CB00018B/2946